Dr. Sebastian Friedrich | Alexandra Reinwarth

Die Schildkröte *Nora* im Schlummerland

Die Einschlafmeditation,
die garantiert bei jedem Kind wirkt

mvgverlag

Bibliografische Information der Deutschen Nationalbibliothek
Die Deutsche Nationalbibliothek verzeichnet diese Publikation in der Deutschen Nationalbibliografie. Detaillierte bibliografische Daten sind im Internet über http://dnb.d-nb.de abrufbar.

Für Fragen und Anregungen:
info@mvg-verlag.de

1. Auflage 2016

Nymphenburger Straße 86
D-80636 München
Tel.: 089 651285-0
Fax: 089 652096

Umschlaggestaltung: Melanie Melzer
Umschlagabbildung: Gisela Rüger
Illustrationen: Gisela Rüger
Satz: inpunkt[w]o, Haiger
Druck: Interpress Kft., Ungarn
Printed in the EU

ISBN Print 978-3-86882-662-3
ISBN E-Book (PDF) 978-3-86415-930-5
ISBN E-Book (EPUB, Mobi) 978-3-86415-931-2

Weitere Informationen zum Verlag finden Sie unter

www.mvg-verlag.de

Beachten Sie auch unsere weiteren Verlage unter
www.muenchner-verlagsgruppe.de

Liebe Eltern!

Wer von Ihnen kennt das nicht? Sie überlegen sich Abendrituale für Ihre Kinder, können diese aber dann nicht in Ihren Alltag integrieren. Die Kinder gehen weinend zu Bett und stehen noch dreimal wieder auf, weil sie nicht schlafen können. Das Einschlafen wird zur heiklen Angelegenheit, und Sie denken schon mit Grausen an den Abend und ersehnen die Zeit, wenn die Kinder endlich schlafen. Vieles haben Sie schon versucht, aber es hat nicht so funktioniert, wie Sie sich das erwünscht haben. Dieses Buch gibt Ihnen nun eine neue, innovative, sanfte und einfach anzuwendende Methode an die Hand, mit der Sie Ihrem Kind helfen können einzuschlafen.

Während Naturvölker noch nicht einmal eine Bezeichnung für Schlafstörungen kennen, leiden in den westlichen Nationen etwa 20 Prozent der Bevölkerung an Ein- oder Durchschlafstörungen. Mögliche Gründe dafür sind Sorgen des Alltags oder auch tiefer sitzende Konflikte – auch bei Kindern. Schlafmittel sind deshalb keine angemessene Lösung. Denn dahinter stecken oft Schulängste, Trennung der Eltern, Geschwisterrivalität und viele andere Probleme. Autogenes Training kann dabei auf körperlich-mentaler Ebene die Bewältigung dieser Konflikte zusätzlich unterstützen. Entspannungstechniken können schon bei Kindern ab etwa sieben Jahren auf suggestibler Ebene wirken. Kleinkinder können sich zwar noch nicht formalgedanklich damit auseinandersetzen, profitieren aber gerade deshalb intuitiv von den entspannenden Elementen, vor allem, wenn das autogene Training von Vertrauenspersonen angeleitet wird.

Schlafstörungen sind außerdem auch physiologisch bedingt. Kinder fühlen sich im Schlaf alleine. Sie brauchen ein Gefühl von Sicherheit, Geborgenheit und Nähe. Und das können Sie mithilfe dieses Buchs ganz selbstverständlich vermitteln. Mithilfe dieses Buchs versetzen Sie Ihre Kleinsten in diesen Zustand und ermöglichen Salutogenese von Kindesbeinen an. Es ist eine wichtige Aufgabe von Ärzten und Therapeuten, nicht nur Krankheiten zu heilen, sondern auch deren Entstehung zu verhindern. Und eine Krankheit, die nicht entsteht, brauche ich nicht zu behandeln. Ich wünsche Ihnen ruhige, erholsame Nächte und viel Vergnügen mit der Schildkröte Nora!

Herzlichst,
Sebastian Friedrich

An- und Einleitung

Diese etwas andere Gutenachtgeschichte basiert auf verschiedenen Entspannungstechniken wie dem imaginativen Verfahren, der Hypnose, Suggestion, Fantasiereisen und autogenem Training. Methoden wie diese bewirken eine körperliche und geistige Entspannung, und ein Zustand der Zufriedenheit stellt sich ein. So mögen sich die Satzstellung und Wortwahl der folgenden Geschichte manchmal etwas ungewöhnlich anhören, erfüllen jedoch einen bestimmten Zweck.

In Kombination mit der Erzähltechnik verwenden wir eine spezielle Berührungs-Methode, die ursprünglich für nervöse, ängstliche, kranke und aggressive Pferde entwickelt worden ist: der Tellington Touch (TTouch).

Entwickelt wurde dieses System von der Kanadierin Linda Tellington-Jones, einer der berühmtesten Pferdetrainerinnen der Welt.

Nach ihrer Ausbildung beim israelischen Physiker Moshé Feldenkrais in den Siebzigerjahren entwickelte sie die Methode im Rahmen ihres Lern- und Heilungskonzepts für Tiere. Auf diesem Gebiet gilt Linda Tellington-Jones als äußerst bekannte Vertreterin. Ihre Bücher und Videos sind internationale Bestseller.

Ende der Achtzigerjahre entwickelte sie die TTouch-Technik weiter für die Behandlung von Menschen und organisierte Workshops für Mediziner, Krankenschwestern, Masseure, Therapeuten und Interessierte. Die Technik ist leicht zu erlernen und hilft gegen Angst und Stress, Schwellungen und Muskelkrämpfe, Nervosität und Kopfschmerzen.[1]

Wie wichtig körperlicher Kontakt ist, wissen wir ganz instinktiv.

Nichts auf dieser Welt fühlt sich besser an als Haut auf Haut. Berührung ist Trost, Liebe und Geborgenheit, sie ist das Erste, was wir wahrnehmen können – und auch das Letzte.

In unserer modernen Zivilisation bleibt jedoch oft nur wenig Zeit für Zärtlichkeiten und körperliche Nähe. Der Alltag sieht nicht vor, dass wir unsere Kinder den ganzen Tag bei uns haben, sie auf uns und mit uns herumtragen und sie ständig berühren – und schon gar nicht mit der bloßen Haut, denn daran hindert uns schon

---

1 Wer mehr über Linda Tellington Jones und ihre TTouches erfahren will, kann hier nachlesen: Linda Tellington-Jones, Sybil Taylor: *TTouch for You!: Gesundheit und Wohlgefühl mit dem Tellington TTouch*, Franckh Kosmos Verlag.

unsere Kleidung. Sogar die Kleinsten werden, kaum geboren, erst mal verpackt: Strampler, Bodys, Söckchen und Mützchen lassen nur wenig Hautkontakt zu.

Sobald ein Kind aus dem Wickelalter raus ist, erfährt es Haut-zu-Haut-Kontakt dann oft nur noch beim abendlichen Baden. Dabei genießen Babys und Kinder unsere Berührungen sehr: Fühlen sie die Nähe einer Vertrauensperson, schmiegen sie sich sofort instinktiv an, ihr Puls verlangsamt sich, und sie entspannen sich.

Für unsere besondere Einschlaftechnik benutzen wir einen von über 30 verschiedenen TTouches, und zwar den »Muschel-TTouch«. Er wirkt entspannend und ist einfach auszuführen:

Legen Sie Ihre Handfläche entspannt auf Nacken, Schulter, Rücken, Brust oder Bauch des Kindes, je nachdem, wo es ihm am angenehmsten ist und in welcher Position es am liebsten einschläft. Sie haben nun mit der ganzen Handfläche sanften Hautkontakt zum Kind. Nun bewegen Sie Ihre Hand aus der Mitte des Handtellers heraus in einer Eineinviertel-Kreisbewegung. Dabei sollen die Finger nicht über die Haut des Kindes gleiten, sondern diese während des Kreisens mitbewegen. Die Hand soll aufliegen wie eine Muschel auf einem Fels, sodass sie während der Bewegung nicht verrutscht. Der nächste Muschel-TTouch wird im Abstand von zwei Finger- bis zu einer Handbreit weiter unten ausgeführt.

Legen Sie dem Kind die Hand auf, während Sie lesen. An welcher Stelle der Geschichte Sie die Bewegung ausführen sollen, ist mit (*Handkreisen*) gekennzeichnet. Sehr unruhige Kinder können besser entspannen, wenn Sie vor dem Lesen mit Ihren Fingerkuppen ganz leicht über den Rücken des Kindes auf und ab sowie hin und her streifen. In der Regel halten die Kinder dann ganz still, um diesem angenehmen Schauer der Berührung nachzuspüren. Wenn das Kind sehr kitzlig ist, verstärken Sie einfach den Druck der Berührung. Sobald das Kind ruhig liegt und der Geschichte zuhört, lassen Sie die Hand ruhen.

Auch hier gilt: Jedes Kind ist einzigartig. Haben Sie den Eindruck, dass das Streicheln hilfreich ist, dann streicheln Sie weiter, ist das Gegenteil der Fall, lassen Sie es weg. Vielleicht will Ihr Kind im Moment gar nicht angefasst werden, dann können Sie ihm anbieten, seine eigene Hand auf Ihre Haut zu legen.

Lesen Sie die Geschichte langsam vor und achten Sie dabei auf die Klammern, in denen Hinweise wie *flüstern* oder *gähnen* stehen.

Liebe/r (Name)

Dies ist die Geschichte von Nora. Nora ist eine Schlummer-Schildkröte aus der Gattung der Meeresschildkröten. Es ist eine Geschichte, bei der man einschlafen kann. Manche schlafen schon ein, bevor die Geschichte zu Ende ist, aber das ist in Ordnung. Die Geschichte geht ja gut aus.

Um Nora zu finden, müssen wir zunächst in die Schildkrötenwelt hinuntersteigen. Eingänge zur Schildkrötenwelt gibt es viele, aber man muss schon genau hinsehen, um sie zu entdecken: Im Garten, im Park und im Wald, dort, wo große Büsche und Sträucher eng zusammenstehen und man fast nicht hindurchkommt, dort ist manchmal ein kleines Loch im Boden. So wie ein Mauseloch, nur etwas größer. Das ist der Eingang.

Wir machen uns ganz klein und zwängen uns durch den Eingang. Dahinter gibt es einen Tunnel, der nach unten führt, unter die Erde. Es ist dunkel, und wir gehen immer tiefer. Wir lassen alle Sorgen und alle Gedanken des Tages oben bei der Sonne. Dort sind sie gut aufgehoben, und morgen holen wir sie dort wieder ab. Aber jetzt steigen wir immer weiter nach unten in die Erde. Ganz langsam gehen wir, damit wir die Schlummer-Schildkröten nicht erschrecken. *(Leise:) Wir gehen dann noch eine Treppe hinunter, leise sind wir dabei, und ganz vorsichtig setzen wir einen Fuß vor den nächsten, immer weiter hinunter, und ganz unten, im Dunkeln, sehen wir es blau leuchten. Dort wohnen die Schlummer-Schildkröten.*

Es war einmal eine kleine blaue Schlummer-Schildkröte mit Namen Nora. Nora war eine besondere Schlummer-Schildkröte, denn sie konnte nicht einschlafen jetzt.

Alle anderen Schlummer-Schildkröten sind große Meister im Einschlafen. Sie schließen einfach die Augen, ziehen ihren Kopf in ihren großen, schweren Schildkrötenpanzer zurück, atmen ruhig und gleichmäßig ein und aus, und schon schlafen sie ein. Noras Geschwister lagen schon gemütlich im Schlummern. Nur Nora konnte nicht einschlafen, jetzt.
Sie musste die ganze Zeit an den schönen Tag heute denken, wie sie im Gras saß und mit ihren Freunden spielte, wie sie auf dem Spielplatz die große Rutsche hinunterrutschte und auf der Schaukel schaukelte, hin und her und hin und her. Mit jedem Schaukeln kam der Schlaf näher, und während alle anderen schon schliefen, lag Nora da und wurde müde und immer müder. Sie gähnte und schloss die Augen, aber sie konnte nicht einschlafen, einfach nicht einschlafen.

Nora dachte daran, wie schön es war, den Rücken gestreichelt zu bekommen, immer im Kreis (*Handkreisen*), und sie wurde noch müder, mit jedem Atemzug müder. So müde, dass sie dabei war einzuschlafen. Sie konnte euch beide schon sehen, wie ihr schlafend daliegt.
(*Gähnen*) »Ach, jetzt bin ich schon soo müde«, dachte sich Nora, »aber schlafen tue ich immer noch nicht, ob die Eule im Wald wohl einen Rat weiß? – Sie schläft den ganzen Tag über und kann uns bestimmt dabei helfen, jetzt einzuschlafen.«

Nora machte sich also auf den Weg zur Eule im Wald. Sie ging den langen, gewundenen Pfad zum Wald entlang, immer tiefer hinein, und dort saß die gute Eule auf ihrem Ast im Baum. Ihre Augen waren halb geschlossen, und sie gähnte und machte ihren Schnabel dabei weit auf. *(Gähnen)*
»Guten Abend, Nora, was machst du denn hier im Wald?«, fragte die Eule.

Da erzählte Nora der guten Eule, dass sie etwas Hilfe brauche, damit ihr beide jetzt einschlaft.
»Oohhh, das ist gar nicht schwer«, sagte die Eule, »man muss nur einen gemütlichen Platz finden, den gemütlichsten Platz auf der Welt, in den man einsinken kann, so tief, bis man ganz schläfrig wird, und ihr einschlaft jetzt.«
»Danke«, sagte Nora und überlegte, was ein gemütlicher Platz für den Schlaf sein könnte. Über den Gedanken wurde sie noch müder, und die Eule sagte: »Es ist in Ordnung einzuschlafen, jetzt. Du musst die Geschichte nicht bis zum Ende hören, sie geht ja gut aus, schlaf ruhig ein jetzt.«

»Ich weiß schon einen sehr gemütlichen Platz«, fiel Nora dann ein. Im Wald gab es eine Stelle, an der wuchs so viel weiches Moos, dort konnte man bestimmt wunderbar schlafen. Müde machte sich Nora auf den Weg, und schon bald kam sie an: Unter ein paar Bäumen, in einer kleinen Kuhle, war ein gemütliches Bett aus Moos, dort legte sich Nora hinein. Ach, das war schön warm und weich.

Ihr legt euch beide in das weiche Moos, schließt die Augen und atmet langsam ein und langsam aus. Euer Brustkorb hebt sich und senkt sich, und mit jedem Ausatmen sinkt ihr schwerer in das weiche Moos, mit jedem Atemzug wirst du schwerer und müder.

Ihr merkt, wie eure Füße ganz schwer und warm werden, die Füße werden so schwer, dass sie noch tiefer ins Moos sinken.

Dann werden eure Beine ganz schwer und warm, die Beine werden so schwer, dass sie noch tiefer ins Moos sinken.

Euer Oberkörper wird ganz schwer und warm, so schwer, dass er noch tiefer ins Moos sinkt.

Und eure Arme werden so schwer und warm, dass sie noch tiefer ins Moss sinken. Auch die Hände werden ganz schwer, so schwer, dass sie tiefer ins Moos sinken.

Euer Kopf wird ganz schwer, und der Kopf sinkt wie ein Stein tiefer in das Moos.

Euer ganzer Körper ist jetzt schwer und müde, du achtest ein Weilchen nur auf deinen Atem. Du achtest darauf, wie die Luft in dich einströmt – und wieder heraus, ein und aus, wieder und wieder, ganz ruhig und gleichmäßig, ganz von allein, der ganze Körper ist jetzt so schwer, dass er entspannt immer tiefer in den Schlaf sinkt. Jetzt.

Nora war nun schon sehr müde, aber sie schlief noch nicht ganz, und da kam der große Bär vorbei.
»Oh«, sagte der große Bär, »um einzuschlafen jetzt gibt es nichts Besseres als eine ruhige Bärenhöhle, komm mit in die Bärenhöhle.« Und Nora ging langsam hinter dem Bären her, sie war nun schon so müde und wollte so gerne einschlafen, jetzt.

In der Bärenhöhle war es dunkel, und Nora ging weiter in die Höhle hinein, und alle Geräusche wurden leiser und leiser. »Hier kann man bestimmt gut einschlafen«, dachte Nora, und der Bär legte seinen schweren Kopf auf seine Tatzen und rollte sich zum Schlafen ein.
»Mit dieser Geschichte wirst du schon bald einschlafen«, brummelte der Bär noch, »du darfst dir erlauben, immer müder zu werden, und dein Kopf will nur noch abschalten und schlafen.« Und der Bär schläft jetzt.

Die Geräusche von draußen sind nur noch ein leises Rascheln, sie verschwinden, wenn du einschläfst, jetzt.

Nora war nun schon so schläfrig, dass sie kaum noch die Augen aufhalten konnte. Aber sie schlief immer noch nicht. Da kam der Hase und sagte: »Um jetzt einzuschlafen gibt es keinen besseren Platz als einen Hasenbau. Komm mit!« Und Nora ging immer weiter, dem Hasen hinterher, bis zu seinem Bau. Der Hasenbau ist in der Erde, und an der Tür zum Hasenbau hängt ein Schild, auf dem steht: Tritt ein, wenn du bereit bist, jetzt einzuschlafen. Nora überlegte, ob sie nun bereit sei einzuschlafen, und ihr beschließt beide, dass ihr bereit seid einzuschlafen jetzt.

Der Weg geht nach unten in den Hasenbau, immer weiter hinunter in den Schlaf, dort ist es warm und dunkel, und der Hase gähnte und sagte: »Merkst du, wie du immer müder wirst?« Und er legte seinen Hasenkopf mit den langen Ohren auf die Hasenpfoten. Nora musste auch gähnen *(gähnen)* und nickte mit dem schweren Kopf, ihr seid schon wieder beide viel müder und schläfriger.

»Hier kann man einschlafen, wenn man will, man muss noch nicht mal die Geschichte zu Ende hören, denn sie geht ja gut aus«, sagte der Hase und schloss die Augen. Jetzt könnt ihr euch schon selbst sehen, wie ihr schlaft, ihr seid entspannt und ruhig und könnt ruhig machen, was ich sage, schlaft jetzt ein.

Nora konnte fast nicht mehr die Augen aufhalten und wollte nur noch endlich entspannt schlafen, da kam ihre Mama und sagte: »Liebe Nora, ich sehe, du schläfst gleich ein, willst du, dass ich dich an den gemütlichsten Platz der Welt bringe?« Und Nora nickte erleichtert: »Ich war schon im tiefen, weichen Moos im Wald und in der dunklen Bärenhöhle, ich bin mit dem Hasen in seinen Hasenbau hinabgestiegen. Da war es schon sehr gemütlich, aber den gemütlichsten Platz der Welt habe ich noch nicht gefunden, und jetzt will ich nur noch einschlafen.«
Da lächelte die Mama und sagte: »Du hast ganz wunderbare Orte zum Schlafen gefunden, aber jedes Tier braucht einen anderen Platz.
So, wie der Bär in der Höhle schläft und der Hase im Bau, so schlafen die Vögel im Baum und die Frösche im hohen Schilf. Du, kleine Nora, bist eine Meeresschildkröte, dein Platz zum Schlafen ist das Meer. Komm nur mit, es ist nicht weit, im Meer kannst du jetzt einschlafen.«

Nora ging ihrer Mama hinterher. »Wie kann ich nur bis zum Meer laufen, ohne einzuschlafen?«, dachte sie, »ich bin schon so müde«, und dabei gähnte sie herzhaft. *(Gähnen)* Ihre Beine wurden bei jedem Schritt schwerer und schwerer, und sie wünschte sich nichts mehr, als sich endlich hinzulegen und die Augen zu schließen. So müde wurde sie nun, beide seid ihr so müde jetzt.

Auf ihrem Weg kamen sie wieder an der guten Eule vorbei, die machte nur ein Auge auf und sagte: »Jetzt schläfst du bald ein, nicht wahr? Ich sehe, wie müde du bist, du kannst jetzt jederzeit einschlafen, denn die Geschichte geht ja gut aus.«

Nora folgte ihrer Mama durch den ganzen Wald, vorbei am Hasenbau, in dem der Hase fest schlief, und vorbei an der Bärenhöhle, aus der schnarchte es leise. »Alles ist ruhig und schläft«, dachte Nora, »ich bin froh, dass ich nun auch bald schlafen darf.« Und dann traten sie aus dem Wald heraus, und da war der Strand.

»So viel Sand«, staunte Nora und ging ihrer Mama hinterher. Das Gehen fiel ihr schwer, denn sie sank bei jedem Schritt im Sand ein. Mit jedem Schritt und mit jedem Atemzug wurde sie müder und müder. »Bald kann ich meine Augen nicht mehr aufhalten«, dachte Nora. Ihre Augenlider wurden schwerer und schwerer, und sie sah in der Ferne das Meer. Noch etwas weiter musste sie gehen, noch etwas weiter, weiter in den Schlaf jetzt.

»Endlich«, dachte Nora, »endlich werde ich tief und fest die ganze Nacht schlafen können«, und sie erreichten das Meer. Kleine Wellen liefen am Strand aus und machten ihr rhythmisches Gschsch-Gschsch. Der warme Wind roch nach Salz und Algen, und im Sand lagen kleine Muscheln.
»Komm«, sagte die Schildkrötenmama, und so folgte Nora ihr ins warme Wasser, ins Meer, immer tiefer in den Schlaf jetzt.

Ihr taucht immer weiter nach unten, in das Meer, das so blau leuchtete wie die Schlummer-Schildkröte Nora. Kleine Fischlein zogen langsam vorbei, und die Geräusche wurden ganz leise, immer leiser. Du fühlst dich wohl und entspannt, ihr sinkt immer weiter und ihr könnt euch in eurer Vorstellung schon sehen, wie ihr daliegt und fest schlaft. Die große Schildkröte nimmt euch mit. »Morgen werdet ihr schon viel leichter einschlafen als heute«, sagte sie, »und ihr werdet die ganze Nacht schlafen, fest und ruhig.«

Nora schließt jetzt die Augen, und ganz leise flüstert sie (*flüstern*): »*Ich erinnere mich, wie es ist, gleich einzuschlafen, ich weiß, dass es ganz von selbst geschieht.*« Sie spricht so leise, und ihr beide sinkt nebeneinander nach unten, immer weiter in den guten Schlaf, ihr atmet gleichmäßig und ruhig, und die große Schildkrötenmama passt gut auf euch auf. »Morgen schlafen wir noch schneller ein«, murmelt Nora, schließt die Augen und schlaft jetzt ein, gut und lange.

Nora war nun eingeschlafen, sanft trieb sie unter Wasser im Meer und träumte etwas Schönes, und nun kannst du auch schlafen. So wie eine Schlummer-Schildköte kannst du schlafen, jetzt, denn jetzt ist die Geschichte gut ausgegangen, und du liegst in dem gemütlichsten Bett der Welt.

Nachwort

Wenn das Kind die Geschichte öfter gehört hat und mit dem Vorlesen vertraut ist, können Sie die Geschichte auch im Alltag für stressbeladene Situationen nutzen. Verwenden Sie dabei Sätze aus der Geschichte, die von Körperempfindungen handeln, wie Atmung oder Schwere.

Je geübter Ihr Kind darin ist, den Entspannungszustand selbst herbeizuführen, desto größer werden seine Gelassenheit und seine Fähigkeit zur Selbstregulation. Der entspannende und beruhigende Effekt dieser Geschichte wird so auch im Alltag spürbar.

Alles Gute und gute Nacht